fahnenrost

arne-wigand baganz

Erster Teil

– Wortkaskaden –

Xxnx Zxnsxr fxndxt nxcht stxtt.

d e r   s i l b e r n e   a d l e r

kennst du die geschichte

vom silbernen adler –

vielleicht war er ich

oder er war du;

gefangen war er

lange zeit

kennst du die geschichte

vom silbernen adler –

von jenem, der sich zwaengte

durch das goldene gitter des kaefigs

wie eine fliege

ich sah ihn heute

wie er zog

durch die luefte!

du kennst die geschichte

vom silbernen adler

veraenderung

von hier

in eine andere wirklichkeit

sind es nur wenige spruenge

der gedanken –

ist es nur eine ueberschaubare abfolge

kleiner schritte

die einen bald

ueber erde und wolken heben

so laesst man sich forttreiben

an einen anderen ort

wo der menschen sprache

einen fremden klang hat

und ihre gesichter

keine fragen stellen

vergessen

dunkles vergessen will

meine stimme sein

die trauben

der nektar

ein blaeuender

rausch

stiller engel

stiller engel!
dein schweigen ist so stolz und weiss

auf den schon kahlen gipfeln lebst du
nahe dem himmel und jenseits
aller anderen menschen

kein auge fasst dich
dein schritt ist allein –
und nicht einsam

doch manchmal sehe ich
etwas wie eine dumpfe ahnung
von dir

stiller engel!
dein schweigen ist so stolz und weiss

heimwaerts

es verwittern knochige rosen

die ich dir
an dein herz
genaeht habe –

eine last
dein groeßtes leid

es geht ein klagen durch die welt

da es dunkel ward
nun

und die schwaeche will uns
niedermaehen
will als sturm uns
fallen sehen
will darbende endzeitfeuer
an unsere trockenen seelen
setzen

da ist eine stimme von fern

die uns ruft
und mild uns
lockt

heimwaerts

auf verborgenen pfaden
vorbei an den feldern
darinnen bluehen
die schwarzen blumen
der hoffnung

es ist ein gesang von morgen

der uns die sinne nimmt
und weiter treibt
in den blauen untergang

es ist am ende kein ziel

weil die heimat kein ort ist
an dem man leben kann

himmelwaerts

    ziehen wir weiter

jagdszene

nachts auf der jagd. drei gewehre.
spuren im sand verraten uns den weg.

hinterher!gestuermt

so weit kannst du noch
nicht gekommen sein.

im naechsten busch haengt schon
dein zarter weisser schleier.
abgeworfen. zittert er zaeh
im kalten mondlicht.

dort!

dein nackter koerper springt
geschmeidig zwischen stummen birken

und die erste kugel trifft dich
wie die zweite dich niederstreckt

da trinkt im moos eine eule
dein sickerndes blut.

eine aufloesung

wenn welten wanken

und dein atem

einen fremden rhythmus schlaegt

ganz

unge

lenk

und die feste form

aus deinem koerper weicht

sodass er

in alle richtungen fliessen mag

wenn dein gesicht

keine sonne mehr ist

und sich die weissen zaehne

niemandem mehr zeigen

dann frage ich dich:

kind, wohin nur

hast du dich verloren?

l i c h t s t r a h l

das aufblitzen einer
verchromten illusion
ummantelt den ganz
ausgehoehlten koerper
mit einem sanften schleier
aus grauer kaelte

bis er erstarrt

und die haende nicht mehr
greifen koennen –
nur die augen tasten sich
von links nach rechts
ueberall hin
doch nicht in die
bittere blendung:

den lichtstrahl
der gegenueber
so unruhig
hin und her tanzt

dass man ihn festhalten will
und tragen
an einen ort
wo alles ihm gleicht:

dem reinen lichte

aber die zeit
ist gegen uns

fuenf, vier, drei
zwei, eins, null

erst im lichtreich
werden wir einander

wiedersehen

f l o e t e n k o n z e r t
(getragenes tempo)

schwarz-rot in der nacht
hat sie nichts mehr zu sagen
war sie nur ein kaktus
den man in der wueste fand

streichelt sanft
ihre stacheln

ti---ri---lue
ti---ri---lue

a b w e s e n d

abwesend

versenkt

begraben

und glaesernen blicks

gefangen

die waerme huellt

dich langsam ein

nimmt fort

den geist

nimmt fort

den atem

oh, jener

gruene kampf der kaelte

d i e   e r n t e

zum stillen abend

faehrt der bauer die ernte ein

und all seine sensen

sind stumpf

b e s c h w o e r u n g

dieses oder jenes soll

wie ich will

singen

dieses oder jenes soll

wie ich will

tanzen

dieses oder jenes soll

wie ich will das herz

verlieren

o h n e   w i e d e r k e h r

nach dem regen bin ich

eine gruene au

so weit die fuesse tragen

bin ich

die schweigende blume

die in deinen haenden

verwelkt ohne wiederkehr

p r o j e k t o r

ich lieb dich
wenn du schweigst –
lieb ich dich
wenn du weiss bist

eine leinwand

—— widerscheinend

wie sie bunt wird
und verfuehrt ...

doch
der projektor

ist mehr –
und du nur
eine leinwand

ich lieb´ dich
wenn du schweigst

v e r h a e r t e t

im kampf gegen sich selbst:

verhaertet ...

eine toenerne figur
in den dunklen alleen –
gebrochen sie tanzt,
erstarrt!

eine weisse maske
der schwarzen verzweiflung

ein braunes auge
das die welt zwingt
in schiefe bahnen

bis sich auftut
der erste riss

u t o p i e n

als die menschen noch
unter rotem oder schwarzem banner
in den himmel stuermten
und unten auf erden
ueber leichen gingen

flammte auch
in deinem herzen
ein treuer glauben
und der stern des guten

m - p r i n z i p

ich bin nichts
als eine illusion
sagte er
dachte sie

m a t t

wir spielen schach und du
stuerzt dich bald
vom hochhaus meiner liebe

spaeter, da ich einsam bin
ordnet sich das brett neu

irrfuehrung

der fortwaehrende kreislauf der leere

haelt erst an der wand des todes

fuer immer —— inne

aber vor diesem unweigerlich

sich uns naeherndem

zusammenstoß

treffen wir

in ort und zeit

zuweilen

auf seelen

die sich ganz

mit den unseren

decken

dann ist ein fruehling

in unseren herzen

der immer wieder

die ersten blumen

durch die schneedecke

treibt

und der kreislauf

aendert fuer wenige momente

seine richtung

sein ziel

und doch

gibt es eine kraft

gibt es kraefte

von denen wir

nichts wissen

die wir nur spueren

wie froehlich sie sich legen

in unseren weg zum himmel

den ein krankes hirn

uns unablaesslich

weist

h e r z f e l d

der samen, den man einst gesaet –

immer heisst es:

morgen bricht die zukunft an

und ein bluetenmeer wird dann

ueber dieser brachen erde wogen,

aber die zukunft bricht nicht an

unter der erde schlagen

die dunklen fruechte.

l i c h t b r i n g e r

wie der letzte mensch
enstprangst du hoehlen –
darinnen deine dunklen augen lagen;

spaeter ein bild:

schuhe, weiss-braun,
wie sie in der luft wippen

du singst:

schweigen im tage
warten auf den morgen
warten auf den morgen
schweigen im tage

ein gedanke ueber die hoehlen kommt –
bald voruebergeht:

es ist
dein leichter schritt der jugend

er bringt der welt
verborgenes licht

im gebirge

im gebirge ist noch immer krieg

oder nur ein strenger winter

in dem die sicht

nie weiter reicht

als einige meter;

wir verlieren einander

so oft wir uns finden

verlieren wir einander

ich hoere das trommeln der kanonen

oder das leise fallen von schnee

den hufschlag eines durch das eis

        brechenden pferdes

und wir verlieren einander

so oft wir uns finden

verlieren wir einander

in der nacht, die keinen morgen kennt,

lege ich mich schlafen

nur ein lied, nur ein lied

kann ich jetzt noch singen.

Konstrukteur Z

Die weiche Haut der Jugend
Abgetragen Stück für Stück
Und wieder überwuchert,
Geformt zum Panzer, der,
Durchzogen von Narben, nun
Sich der Welt zeigt,

Ihren scharfen Winden heimlich trotzt ——

Die Oberfläche erstarrt, rauh wie Beton,
Nur im Verborgenen
Blüht brauner Löwenzahn.

Ganz zart, ja, beinahe kläglich
Gegen alles gesetzt: Eigener Hauch, blechernes Tönen;
Hier steht Z, steht er allein
In Nichts und Leere,
Doch seine Arme sind
Zu stählernen Schwingen ihm geworden,
Sein schwerer Atem vernichtet Welten,
Das kalte Auge sät Frost auf Herzfeldern.

Dies- und jenseits seiner selbst
Ragen die ersten Streben wie Blutpfeiler
Gewaltig in den Himmel,
Schneiden die Wolken in verschwindende Scheiben,
Kein Blick mehr kann sie fassen.

Es ist der Plan, dem er folgt,

Sich selbst zu erheben,

Die Lunge rasselt, tausend Motoren,

Und bald wie ein frecher Leichnam steht

Das Gerippe dieses großen Baus,

Schwankt seltsam in den Lüften,

Lädt fette Raben auf seine blanken Balken.

Tag und Nacht, Morgen und Abend;

Ungeheuerlich ist, was da wächst,

Eine widernatürliche Empörung,

Ganz hässlich gemalt in das schwarze Gesicht der Welt.

Als A, der nichts hat, der nichts will,

Fröhlich pfeifend eines Montags am Bau vorbeizieht,

Alles ins Stürzen gerät – und zerfällt.

u n s e r e   z e i t

der mensch: eine ware!

huebsch praesentiert sich

als "marke ich"

so ein toenernes

taeubchen:

bunt befedert

immer fluegellos

peng!

f r i e d l i c h e r   f r u e h l i n g

zwischen allen graebern toent
vogelsang
der entrueckt den wanderer
in leeren alleen

unsichtbar bleibt
der leichten stimmen koerper,
das blanke gefieder –
unsichtbar bleiben
die toten auch

wanderer wandert
wege der witwen;
stumme andacht
in feldern von stein und lilien

schicksale angehaeuft,
unter trueber erde begraben,
den verbliebenen allein
erzaehlen sie ihre geschichte.

auf einer bank in fernen jahren,
hinter vergilbten schleiern,
meiner gedenkend, in stille,
so trifft der wanderer dich

friedlicher wiegt jetzt der fruehling
viel friedlicher noch

t r u e m m e r b e r g

ich liebe es,

auf dem truemmerberg zu sitzen,

der hoch hinein

ragt in den himmel,

zu grueßen die schwarze sonne;

und fest ich ihr blicke

ins finstere auge

rundherum die gebrochenen //

schatten dieser stadt //

einsame fassaden als letzte //

zeichen der menschen //

es ist warschau

              berlin

                      stalingrad

städte,

durch deren straßen ich

mein feuer trug, den sturm,

doch der zerstoerung atem

v e r g e h t

auf des berges spitze

waechst langsam das gras

schon gruen

unten in bombenluecken //

spielen gescheitelte jungs //

fußball //

ich liebe es,

auf dem truemmerberg zu sitzen.

kein fruehlingsgedicht

jeden fruehling schreiben die dichter

die selben verse –

sie werden es nicht muede,

reden vom rueckzug des eises und wiedergeburten;

hier und dort wollen sie uns

ein erstes gruen gesehen haben

oder die knospe eines baumes;

allerorten verliebte paare

und wie sie gleich himmelsgestalten

durch die strahlende sonne ziehen

nur ich – ich werde

kein fruehlingsgedicht schreiben.

straßengebell

eine welt, heute und immer

aufgespalten in gut und boese –

feindliche kraefte, die

zusammenschlagen wollen

wie blut und asche;

doch zwischen sie gestellt:

staatsgewalt,

schlagstock und schild

der schwarzen armee.

ein menschensueppchen wird gekocht,

ganz besonders seine art ist:

gebrochene knochen geben geschmack.

fern glueht der hass, steigt hervor

aus dem tobenden fahnenmeer,

brennt in den himmel,

ueberdeckt die belfernden massen

mit schaum und feuer;

entzuendet ist braunes wutgeheul,

dagegen sich stemmt

gewaltig der parolenchor

aus tausend roten muendern.

jeder ist wolf mit gebleckten zaehnen –

schuetzt unsere armen schafe!

und irgendwo dort

bist auch du

wie ein reiner quell
fließen die blicke
aus den hellichten augen,
singen ein lied,
das lange noch fortklingt –

erhaben und schoen.

S s s p p p r r r i c h
Wer hat das Göttliche
in Dich gesenkt,
mit Sonnen Dich
umflossen?

Wer hat den Atem
Dir geschenkt,
mit Liebe mich
erschossen?

Sprich zu mir, Du!
Bin zu Dir: Ich & Dein.
Sei Du mir: Du
Sei Du mir: Du & mein.

tag im fruehsommer

hoerst du?

die amsel in den zweigen,

an denen rauschen die blaetter

dann und wann

rufen die bergeshoeh´n

mit gar vielen stimmen

die einsamen sueß

zu sich hinauf.

folge auch du

der reinen verfuehrung

steige hinauf,

steige hinauf!

    drunten im tal spielt die friedlose menge

    dicht gedraengt reiben sich

    sonntagsgesichter rote wangen,

    paradieren stolz die entseelten koerper;

und hoerst du?

blaest man jetzt nicht

die frohen fanfaren

durch schwere luefte,

in ihnen vereinzelt nur haengen

weiße girlanden

stetig sich wandelnd:

sind wolken.

ein tag im fruehen sommer.
sag, wohin gehst du?

steige hinauf,
steige hinauf!

w e l t b i l d
hinter vielen tueren des lebens
viele tueren des lebens liegen
offen und/oder verschlossen
gehen die menschen ein/aus
durch tueren des lebens
wer sieht? dazwischen:

breiten, weiten, hoehen sich
- r a e u m e

lichtgefuellt
        schattenumhuellt

t r a e u m e
hinter vielen tueren
du warst, was ich?

Maxim Gorki

Wie ein Felsen zerfurcht

aber nicht zerbrochen,

so stand im Leben

Maxim Gorki

Er schrieb und gab

auch seinen Lesern

weiche Flügel,

und hoch über ihnen,

hoch über allen:

Da zieht noch sein Kind,

zieht der Sturmvogel

durch lichtlose Welten

nicht achtend

drohenden Unheils,

und stürzt von den Wolken

in Meereswellen giftig schlagend,

dann zurück, zurück in die Lüfte!

Atmet, lebt Freiheit –

das stolze Tier, unbeirrbar!

Und der Gedanke,

nur der Gedanke

ist ihm Freund,

ist ihm Licht und Flamme;

und aller Liebe Antlitz:

enttarnt, wird hässlich und blass

34

im feurigen Schein.

Maxim Gorki!

Er schrieb und gab sein Wort,
sein Wort wirkt ewig weiter!

mein friedrichshain
einmal mehr gleiten die schritte
durch stalins weiße alleen
um zu muenden in
den verborgenen garten

die schritte-schritte-schritte
verlieren sich nach hier-hier und dort
schleichen vorbei an der steinernen mutter
in ihren haenden das kind
aus beiden die ewigkeit broeckelt
zersetzt sie allmaehlich

der mensch gespalten in wege

hinter bueschen
treffen hunde zum kampf sich
errichten einen turm aus schall
der klaefft bis er umfaellt
und alles erschlaegt mit schweigen

woanders hat sich einer bank

kriechend genaehert ein altes paar
mit heiseren stimmen
kraechzt es von schoenen
belanglosigkeiten des lebens

jene buschecke da hinten
erscheint nun zugewachsen
diese rose juengst verblueht –
so reden die stimmen kurz
wenn die stille wird unertraeglich
und zu begraben sie droht

und was der junge mann
nebenan wohl schreibt?
ein raetselbuch, na ein raetselbuch.

achja, achja.

d i e   u n z e r t r e n n l i c h e n

wer bist denn du, der mir

wortlos gegenuebersitzt seit jahren

und doch schon erzaehlte

so viel, so viel!

du, in deinen augen, deinen augen

stehen immer weiche, milde traeume

und manchmal beugen sie sich

etwas vor und lachen leise,

ganz zaghaft sie tasten an mir,

so zaghaft tast´ ich auch an dir

und deine haende

streifen einander,

deine haende!

und wenn uns doch erneut

trennen muss

ort und zeit

so sehen wir uns wieder

irgendwann und bald

e l e k t r o t e m p e l

da nachtlang wir tanzten

in die mitte des neuen tags:

woche fuer woche waren wir

jung und schoen,

der rhythmusraben zwei

verbruederung

(nach dem gleichnamigen gedichtband von j.r.becher)

der sprachketten
    sprengte
        und wortwirrnis
            schuf
                zu gedicht

      MONUMENT!

dessen zunge herausreicht
aus finsteren zeiten,
noch heute sie spricht seinen vers

      WELTKRIEGSPREMIERE

gieß´ ganz aus den gift´gen becher!
und zauber´ die wuetenden bilder
in fleischige wurmgehirne

      DA, SIEH!

aeroplanhorden verdunkelnd himmel
in dampfenden gassuempfen baden

      STAHL=KOERPER

frontgraeben von zirkeln gezogen
alle kreise der hoelle

DURCHFURCHT

dem frauengeschlecht: abgesang
ruft endlich aus: verbruederung

DER VOELKER!

erster gesang
von der anderen seite
    dieser welt
        schwebtest du mir
           entgegen

der koerper:
    ein wieder anderer,
die seele:
    sich ewig gleich

alles schoene ist unvergaenglich.

spinatgericht nr. 55

da ich friere

decke mich zu

mit laub, samt und erde

(will als baum wiederkehren, bemoost)

da ich bin

loesche mich aus

durch vergessen und schweigen

(will nicht erinnert sein)

selbst dann –

doch selbst dann

dein name noch

echot durch berge

wie deine stimme

niemals bricht

dein koerper

meine gedanken

ihnen keine

ruhe gib!

erste zweige.

etwas anderes

schon einmal muehte ein mensch sich
um ein gedicht
hier

zwei jahreslaeufe durchschritten
seitdem schwere fueße;

du fragst, wer es war?
ich – und doch ein anderer
du wirst verstehen ---
diesen ort und alles

das gegenwaertige,
vergangen

so siehst du mich liegen
ein papier haltend,
darauf sich setzt
schwarz-orangenen kleides
ein schmetterling;

hier er ist!

doch verfaengt er sich nicht
im gitternetz hellblau
da es ist
nicht der himmel

dort er war!

jetzt im gras mit den grillen
moechte musizieren
auch er
aber nie lehrte die natur
ihm das zirpen

nur schoen zu sein
in ihr, lebend
als schmuck
wurde zum schicksal
ihm gemacht

da ist er!

und blaetter rascheln
als ginge ein regen
durch sie:

eichen, linden, birken
buchen, erlen, pappeln

kennst du ihre sprache?
an wen gerichtet? alle!
es ist ja nur der wind,
der sie reden macht

meint zaghaft: ich

fern prueft der specht

einen von ihnen
klopfend

oder er pocht?

in meinem ruecken wacht
einsam der hochsitz
ueber der sommerfelder
verkuemmerten weizen

nicht dieses gedicht

H e r m e t i k
Hermetische Texte
will aufbrechen
die Hermeneutik;

doch vieles bleibt
eingekerkert
in Sprachmagie
& -skepsis.

u k r a i n a

kleiner storch am wegrand
    im grenzland ukraine ——
der du bist versteckt
    in einem jener felder
        unzaehligen gruens,
    die ziehen vorbei
        hinter scheiben, staubfinster;

    und gaense watscheln langsam
        hinunter zum fluss,
    wo andere schon trinken
        wild-wasser;

ich habe dich bewahrt
    in harmlosen zeilen,
kein unheil wird je dich entsetzen.

s e i n

auf dem weg
nach nirgendwo-hin
heim-los wandert mein ich

    IMMERDAR

bin selbst mir zu gast
in vielen welten

    keine frage

44

a n [ ] d e n k e n

dort, wo efeu

    stumm die woerter traegt

        begrub ich

            vor jahren

                dich

    sieben narben

        weint die haut

            deinem gedenken

                noch immer –

        nach

o, du!

von holz umkleidet,

    von erde ueberwoelbt,

        von stein belastet!

lebst ja fort und fort

        (so lang´ ich lebe)

... wo efeu stumm

    die woerter traegt

ueber alle alter

ueber alle alter

    wehen die blonden fahnen

        im immer sturmtiefen himmel

      darunter die erde

        gepflastert liegt:

        menschen-

        gesichter,

        augen;

auch du wurdest blind,

    um jenen wie mir

      zu gleichen

unsere koerper

    greift der wind...

es wachsen die arme

    zu aesten

baeume werden wir,

    bald wald

ueber alle alter

    wehen die blonden fahnen...

    und *jener* singt

mit den blaettern.

a m p l i t u d e n

reite, reite

die amplituden

meiner verse

AUF

(*auf und ab*)

reite, reite

die amplituden

meiner verse

AB!

reite,

      reite

w e r   ich   bin

es sind der orte viele,

ich aber bin einer,

dessen zeitrad

rueckwaerts spinnt:

den atem angelegt!

als widerspruch

wir werden als widerspruch

zu diesem oder jenem

in das leben geschickt

um das leben selbst

weiter vorzutreiben

in aller widerspruechlichkeit

anrufung

wie die rose jericho

in gelber wueste

erwart´ ich,

o himmel!

deine traenen

nur selten

montgo

mond auf dem berg

hinter wolken ——

dass ich dich

noch einmal seh´!

dich zu befreien

froehlich der wind

...weht...

O , L i e b e

welch wundersames Schauspiel

Du doch bist!

Jeder Mensch

folgt in Dir

seiner Rolle

als Täter

oder Opfer

Und zu selten,

gar zu selten

bringst Du

Erfüllung.

Welch grausames Schauspiel

Du sein musst:

Liebe,

Liebe,

Liebe

gesang der silben

alles was ich sage:

    ein gesang der silben

        an denen fluegel haengen

  schlaege

   schlaege

   den ganzen koerper

     heben hinauf

       sie in die luefte

   wenn du kannst,

     wenn du willst:

     lass diese worte

  sonne sein

gesang der silben ...

welt aus wolken

eine welt

    ganz aus wolken:

    wattene wellen

        wild wucherndes

            gebirg

        ungekaemmt,

und weiss ——

darueber himmel,

        wieder himmel

die morgensonne

        bricht und gleisst...

GOLDEN

o, welt

    ganz aus wolken!

welches wesen

    erschuf dich?

hat es augen

    hat es geist

ist es mensch

    so wie ich?

und wenn das ich

die augen schließt:

bist du nicht?!

f a r b e n

schwarz und rot

      und blau und weiss

dieses sind deine farben

      es sind wirklich

            (nur vier)

mit ihnen entzuendest

      die trauernde nacht: du!

      wie trunken sie liegt,

            den mund geoeffnet,

                  jetzt lodert die

            feuer-flammen-zunge

      aber wozu

            diese vergebliche schoenheit

      sie und du.

d a s   z i m m e r

fuer fuenfzig jahre

    schließt er sich ein

       [in]

   dieses kalte

      herrenzimmer.

so ihr draussen

     auch verglueht

         stoert seinen atem

    nicht

         auch seine gedanken

    lasst allein

geht vorbei

    an der gruenen tuer

   kein wort,

      keine blicke;

  ruhig

     ruht

        ruhe

            >

        ruhe

      ruhig

  ruht

fuer fuenfzig jahre
　　schließt er sich ein

　　　　]so[

　　samten wartet
　　　　das frauenzimmer.

z u e i n a n d e r
wenn wir beide
　　nachts
zum mond sprechen

　　sprechen wir
　　　　doch nur

　　z u e i n a n d e r

　　natuerlich hast
　　du dies gewusst

　　natuerlich.

d i e s e s   b u c h

wie riecht das meer
      in den klippen
was sehen die augen
      beim sonnenuntergang
wovon erzaehlen
      die wellen ——

und dieses buch?

      sind es nicht
      innen und aussen
      nur worte
      die scheitern?

      frage nicht!

salzig werden die seiten
      wie deine haende.

kommertsch

in diesem hotel

    schrieb man mir allein

        einen zettel:

        du

        sollst

        nicht

        toeten

        und

        auf

        dem

        zimmer

        zu

        essen

        ist

        verboten

        ach,

            dass ich aß

            tut mir nicht leid

        aber gleichen wir schleunigst

            das missverhaeltnis aus

——   nur darum

        schrieb ich euch

        dies gedicht.

n i b e l u n g e

nibelunge des suedsterns!

    fern heimischer waldungen

        streifet dein atem

           mich...

    eichen gabst du

        fuer palmen

und kein lorbeer kroent

dein ehernes

haupt

aber ah: dieses zittern!

      waere ich baum

         meine blaetter

    fielen

        schwarz

    schwarz und braun

    kompost

        wird erde

    stirb,

        werde...

und dein wind weht,

    dein wind weht,

    dein wind weht

    -.-.-.-.-

    -.-.-.-.-

rch rch rch

rch rch rch

rch rch rch

-.-.-.-.-.-

-.-.-.-.-.-

er fragt nicht

      nach sterblichen seelen –

ist allein himmel(s

      koerpern zugetan).

ah und ach: diese brueste

      sind gipfel von welten

lass hoeher mich steigen

      denn himalaja

[aber oben

      keine gletscher sind]

ah und oh: zwei striche

      faerben dein antlitz

         fein,

               strenges kind

      so rot, so weiss

      blut der schoenheit

      ist leerer triumph

macht kreuze

     den lippen rein

als schnabel

     emporgereckt

gegen die sonne:

     sie zu kuessen

       tief

     sie zu kuessen

t i e f !

ah und oh...

aber ah: dieses zittern

     waere ich baum

       meine blaetter

fielen

     schwarz

schwarz und braun

kompost

     wird erde

stirb,

     stirb und werde

fern heimischer waldungen

    streifte dein atem

      mich...

nibelunge des suedsterns!

ah und oh!

hoe

hoe

hoe

lich

s t a h l k r e u z e r
wie der stahl
        die wellen kreuzt
weiss und blau
        weiss und blau
zieht dem meer
        schwindende narben

die landung am kai.

die berge

ihr, die auf erden den sternen
immer am naechsten seid:

     berge!

der ewige architekt gab euch
die fast zeitlose form
doch eure gipfel sind lange
schon koepfe von greisen
und zahllos die mythen und sagen
mit denen der mensch sie umsponn
in fast allen zeiten (in ehrfurcht)

     berge!

ihr grueßt den himmel und noch das meer
und wandert stets mit dem mondlicht
auf den balkon durch die tuer
bis in das naechtliche zimmer...

     kommt herein, meine berge!

ich hoerte von euch nie anderes
als echo und schweigen
echo und schweigen...

da liegt ihr – meine berge!
hart, stolz und ruhend

doch der mensch fand ein mittel

euch schreien zu machen

die form zu wandeln

und das echo zu rauben

—— fuer immer

     leser!

hoertest du je

die praezise folge

der explosionen und

das herabstuerzen

der steinmassen

darauf?

[wie der kalte abgrund

 millionen splitternde seelen

 frisst; es werden

 tunnel, straßen, staedte]

     leser!

sahst du je

die berge so brechen,

weinen?

ich sah und hoerte

und wurde blind und taub

unbewegt wie – stein

gleich mir wuchs der mensch
einst ueber die berge

f l u e c h s t i g e r s t e r n d
da das schiff ohne fuehrer
            dem unvermeidlichen
                        entgegensteuert
            weht im wind
                        ein weisses haar
                        fluesternd:

            wie im himmel
                        so auf erden
                        und wassern

                        kein unglueck
                        komme!

      ue
                  ue
                              ue

      (die fluechtigen
                        sterne)

      D

in fernen himmeln

in fernen himmeln noch

    wirst du form

        die ein licht

        mir zeigt

        nach den jahren

        all diesen jahren

        die zwischen uns

        wuchsen, immer groeßer

        wuchsen – noch wachsen

        all das kommt

        durch die zeit

        und so sind wir geworden

        kleiner als jemals

        in den jahren

        all diesen jahren

        in denen

        als steinerne statue ich

        von hecken ueberwuchert

        stand

    niemand sah mich

in fernen himmeln noch...

A n   J o h a n n e s   R .   B e c h e r

Deine frühen Sätze

    wie Sandkörner

        in denen eine Welt

        zu sehen

        uns Blake empfahl

    ausgebreitet sie liegen:

        vor mir;

        ich höre

    Peitschen, Trommeln, Hackebeil –

    Fanfaren, Tuben, *Symphonien des Verfalls*:

    großes Getöse, Exklamationen!

    Weltkrieg ist

    auch in Deinen Versen;

    und der jugendliche Geist:

    wie er tobt und seine Worte

    gleich einem apokalyptischen

    Reiter der Neuzeit

    als Bombenhagel

    auf die Welt

    niedergehen lässt.

    Das ist Kunst –

    und *Paradies setzt ein!*

appolons kretischer garten

in appolons kretischem garten
die toten dichter
ruhen ewig...

viele ihrer worte,
einsam hinterlassen:
sind noch wach
ohne jeden anschein
von trauer zu tragen.
sie haben den tod ihrer herren
laengst verwunden.

in appolons kretischem garten
die toten dichter
ruhen ewig...

diese frage

wie im herbst die trockenen
blaetter von den baeumen fallen,
so stuerzen die liebenden
aus ihren himmeln:

wann?

november, ungeloest

november verhuellt der stadt
 straßen und alleen;
stumme hetzmassen
 fegen ueber
den feuchten asphalt;
 das klappern der schuhe
geht weiter, weiter!
 zur arbeit
 zum amt
 in die geschaefte
 schulen, universitaeten
 kindergaerten, kinos
 und nirgenwohin.

jeder einzelne
 als teil des ganzen
nicht mehr er selbst
 im tempo der flucht
bewegt sich
 in der welt
als vorstellung nur
 in meinem kopf
dessen schaedeldecke
 bildet bewachte grenzen:
alles, was ausbruch wagt
 wird erschossen

die augen geschlossen
 oder offen

sehe ich schwarz

    und die menschen wie ameisen

sehe ich schwarz

    und den wuchs der technik tentakel

sehe ich schwarz

    zahlen, zahlen, zahlen

sehe ich schwarz

    und november, der

verhuellt der stadt

    straßen und alleen...

worte schlingen sich

    auf all meinen wegen

gedanken schlafen mit mir

    und wachen

toechter habe ich

    und soehne

sie wohnen hier

    und dort

in den betonbauten marzahns

    in den betonbauten lichtenbergs

        in den betonbauten hohenschoenhausens

ueberall

    auf der welt

wohnen, wachen, schlafen

    worte, gedanken

mit mir!

eine großmutter hat

    ihren namen vergessen

ein bettler verkauft
    gefaelschte metrokarten
einer vom bau trinkt
    sein erstes bier

des ueberfluessigen entledigt
    haben sich die baeume
die unbeschriebenen blaetter
    gefallen, laden alle
zum fallen auch ein

immer haltlos waelzt sich
    ein jeder
lichteren zeiten
    entgegen
von erinnerungen
    zehrend:
so
    ein
        hunger!

die augen geschlossen
    oder offen
sehe ich schwarz
    und die menschen wie ameisen
sehe ich schwarz
    und den wuchs der technik tentakel
sehe ich schwarz
    zahlen, zahlen, zahlen
sehe ich schwarz

und november, der
verhuellt der stadt
    straßen und alleen...

aber dort
ein kleiner punkt nur
in der masse
ist ein kind
das stillsteht
allein

sieh, wie doch
viel waermer als neon
kindes augen noch
leuchten

der edle zweifel:

das betrachtende wir
    hat sich nie
      keinen schein
      nicht geloest

im november.

Jessenin

Niedergesunken an den weissen Stämmen
Russlands entblätterter Birken
hockt *des Dorfes letzter Dichter*,
einen winzigen Spatzen
am müden Herzen wärmend:

Jessenin, o, Jessenin,
wo ist die Seele die
je sich entwinden konnte
den Schlangenarmen der Weiber
und wieder auftauchte
aus den gierigen Strudeln
des Weins?

Ach, Tschilp! ruft der Spatz da;
auf dem Weg durch die Felder
versinkt weich im Schnee
irgendein schnaufendes Pferd.

Jessenin, o, Jessenin,
Tschilp! Tschilp!

menschenlaendliche szene

er sieht die haut

ein weisses feld

aufgerissen

weite wunden

dareinfaellt

roter samen

schwarzer regen

keime werden wachsen

in den himmel

zu baeumen

ohne blaetter

ohne fruechte

er sieht die haut

ein weisses feld

kosmischer musikant

meines hauptes haare zu saiten

in die luefte gespannt –

ein wind laesst silbern

sie erklingen

und da:

es tastet

gestreckt in den himmel

m/eine hand in den wolken

in denen haengt

vaters orgel –

ich spiele!

        sie

und die fueße

treten derweil

die dunkelen

paukenfelder:

hier hoert ihr

das knallen

das zittern

der felle!

und domglocken

an meinen

ohren lasten

als waerens nur

leichteste schellen

u

o!

durch mich wird

m-u-s-i-k

a

e!

ich rufe hervor:
toene

i

warum denn unhoerbar? fuer mich
sind sie doch

dauernde=
jahrtausend=
symphonien

fuer euch!

f u e n f
dieser november-tag:
in ihm kein held
gefangen ist;

74

was tut er?
wer weiß es?

er ist ——

und schon hat er
das urteil vernommen:

strahlend sprach der engel
NEIN!
und war doch nichts
als liebe...

tiefer und tiefer
wandert der so enttaeuschte
nun in die vom nebel
blinden waelder

die nackten baeume
sind angst
dazwischen auch
die nackte seele
ist angst:

findet nirgendwo heimat

ruhe.

b e r u h i g u n g

leiser

noch so viel

leiser

soll die welt

mir werden

bis dass

kein atem

mehr geht

i c h   g e h i r n

ich gehirn:

      universum mein name ist,

      denke mich selbst

      nach innen;

      dort hinaus.

er fragt: na?

ha! diese haende:

     verhaftet dem alltag

     wollen sie nicht
     den dichter
     greifen?
     doch er ist hin-
     aufgestiegen in
     das reich
     der worte.

pah!

     schreibend schwebt er
     dort und da

     inmitten
     alph-omegas.

ja!

     so ist
     sein wortreich kommen

t r a u m g e b a h r e n

traumgebahren:

    dieses wiederkehrende.

traumgeburt:

    steh auf!

denn hier

    und das

        bin ich:

mit leeren armen

    von dir

        zu umfangen

du: gedacht

    bist schmerz

        und

ah,

    verblasst!

t o t a l i t a e t

alle sind sie

    die einen:

    die schoenen

        die guten

            die meinen

als leben im leben

    sich zeigend:

    nie erwartet,

    immer.

    pfhhhhhhhhhu

    ist es

    fuelle in huelle,

    und doch nur

    gefaerbte betrachtung:

    weisse zaehnchen in

        mimischen kompositionen:

        laecheln.

          laecheln.

            laecheln.

hier loesen sich welten

    und ihre fraktionen

wirbeln durch und durch:

gehirne.

aber nicht nur,
     sondern auch:

braune aeuglein
     wie die eines rehs
         genauso zart
         ihre koerper sind
           zart
               zart

schimmcrndc acuglcin
     himmlische gestirne!

hier ist das licht
     materie gebaehrend.

     sie
         sie
             sie

     immer waehrend:

     alle! –

sind sie die einen:

die schoenen

die guten

die meinen.

w e i s s e   n a e c h t e

mit ihnen

der schlaf geht

fort,

frost kommt.

es bleibt

das wachen – rastlos

wende im bett ich

nach links

und rechts

mich

dir zu.

d i e s e r   m e n s c h

gepriesen sei

    der alte,

        der einfache

    MENSCH!

    jener,

    der ging verloren

    mit der zeit

    dieser mensch:

    ueber die felder,

    die er bestellte,

    die ihn naehrten,

    jetzt

    maschinen kriechen.

w e i t e r

zeichen zum abend:

    so gib mir deines,

    ich zaehle nichts;

    weiter.

utopisch

es sollte sein:

der neue

MENSCH

befreit,
geschichtslos –
nicht mehr einer
dazwischen:

UEBER!

war alles nichts
als wahn.

wolfszirkus!

im ganzen land
scheint

vollmond

es sind
egal-wessen
zaehne,
die schenkten mir
diese narbe,

auch jene.

w e l t e n r u h e

weltenruhe erstrebend:

    so gruendet er sein reich

      aus reinem geist

      ohne ende...

und den koerper,

  nur huelle,

von sich

  getrennt,

setzt er

  fuß um fuß,

    meidend die gar

    zu grellen sterne,

  dichter heran

    an das

    irgendwo,

    das ist

    leerste leere

und

    vollste fuelle

    in einem,

    licht und dunkel

      zusammen:

        das ganze;

dieser er:

    geworden ein

    namenloser,

kein ruf
kann ihn treffen,
taub ist
das kosmische
ohr.

du siehst ihn nicht fliegen –
    er fliegt und fliegt;
du siehst ihn nicht ruhen –
        und er ruht und ruht;
        er fliegt und ruht
        und er fliegt und ruht
    durch die
welten.

gedichte der kosmischen kaelte

I *(da-sein)*

gerade gesetzt: ich,

du: schon da,

entstehst allein

mir scheinend,

bist der nur

blattlose baum,

dessen aeste

ANOREXISCHE

    GLIEDER

sind;

sie bewegen den raum

merklich kaum

wuensche ich mir:

waer´ ich auch

bloß baum...

II *(kon-ṯinuum)*

spiegelndes

    spiegelt sich

spiegelndes

    spiegelt sich

koerper

    schatten

        licht

sind wir alle

    sonnen-

        wesen?

kommt doch

    ein jedes

    nur von der einen

    zu uns;

    OH,

        SOL!

spiegelndes

    spiegelt sich

spiegelndes

    spiegelt sich

III *(un-bestimmt)*

sterne:

    ihr zahllosen!

durch mich

    seid ihr alle

    ohne namen,

    nur da.

IV *(mimik-ry)*

das weltenall oft

    singt und lacht:

nur als taeuschung,

    denn in ihm wahrlich

    keine liebe ist.

V *(negat-ionen)*

nicht-nicht

    S-E-I-N

ist angst und

    sie betaeuben.

VI *(tradit-ion)*

alles

    alles, ausschließlich

alles

    was das leben

    will und fordert

    ist

    zum leben

        zu kommen

    immer wieder.

an den grenzen

wandere ich oft

    an den grenzen

       des ICHs

stets

    sie ueberschreitend:

    voegel

       meine gedanken sind,

   welke rose

     das herz,

        wieder bluehend!

wandere ich oft

    an den grenzen

       des ICHs

allein

    zwischen himmel

      und erde.

wirtschaftswunder

ziehen sie ueberall bilanzen:

    die feinen, die reinen

        oekonomen;

regnen schwarze ziffern

    und blutrote scheine

        vom himmel;

greifen haende gierig,

    sie zu fassen,

        stuerzen koerper

    hah!

    auf die schnauze

rufen stimmen

    keuchenden atems:

    das geld her!

    die waren!

(sollen sie alles haben)

das pack

    wird ja doch

        nimmer satt

        und schmuck.

ziehen sie ueberall bilanzen:

wehe ich fort

    im lachenden wind...

scheint der mond

    gar nicht heimlich

irgendwo.

    hin!

s p r a c h - e x p l o s i v

das sprach=sprengwerk gezuendet,

    die ohren eingeklappt –

    laesst explosionen folgen,

    ruettelnd an der erde bahn –

    wie schlag auf schlag

    faellt truemmer auf truemmer,

    dass golden die herzfunken spritzen

    aus aller menschen leiber

heute nacht

    ein jeder von uns

        stern wird.

ein jeder.

vor einem gemaelde hegels

durch die jahrhunderte schaue

    in seine augen ich:

    oh, wie skeptisch

    dieses stille

    fließen von blau,

    das da verborgen

    anwaechst im kopf

    zu stroemen:

    welt-formend

    seine gedanken

    noch immer sind

    licht und leben!

    und der bleiche

    glanz dieser haut:

    strahlt weiß-golden

    in meine augen,

durch jahrhunderte schauend.

e r n e u t

dass ich bald

wenn die ewige

wenn die eine

wiederkehrt –

wandere:

erneut

unter ihren

strahlen

einsam durch

die straßen

der stadt,

durch die parks und ueber

die friedlichen hoefe

dass ich vorbeizieh´

an baeumen

      balkonen

           blumen:

gruen

     weiß

         violett

dass ich bald

wieder wandere:

o, fruehlingssonne komm!

k i n d h e i t s t r a u m

herauf-/herabdaemmern

    vergangener zeiten:

    bin ich wieder jung

    und hoere

    das rufen heller

    fanfaren,

    sehe die stolzen

    fahnen rot

    in den himmel

    wehen;

    ich, du, wir

    alle tragen den stern

    im herzen,

    reichen die haende

    ueber kontinente;

    weiße blusen und

    kindersang

    gebuendelt zu choeren

    die kuenden

    noch strahlender

    unsere zukunft:

    voran!

    herauf-/herabdaemmern

vergangener zeiten...

palast-abriss

I

gezackte eisschollen, ganz zerrissen,
    treiben spree-abwaerts vorbei
    am palast des volkes, der republik,
    der geschichte und kultur...

    dieses ist sein leidendes antlitz:
    zum teil verhaengt;
    metallene zaehne werden gefletscht,
    geschlagen in stahl und beton –
    schweissfunken stieben bronzen;
    orangene hampelmaenner durchturnen
    das offene skelett, innen laengst ausgeraubt;

    vor aller menschen augen
    operieren sie ohne narkose:

    sinnend-schweigend stehen passanten still,
    auch sie sterben hier eines gewaltsamen todes.

II

der palast ist nackt:

      so vieler scheiben bereits entkleidet,

      noch spiegelt sich in einigen

      der dom,

          berlin –

              spiegelt sich letztes leben;

      in anderen palaesten fließt jetzt sekt,

      feiert man froehlich die ausloeschung

      der geschichte —— dann prost!

      laerm, wieder funken – anteillos

      fließt der autostrom nebenan

      die straße hinauf-hinab,

      und objektiv-aeugige fotografen

      fangen das schauspiel ein:

      ganz zerrissen spree-abwaerts

          UNSER PALAST

      davontreibt

17. februar 2006

schwanensang

weiße schwaene flogen

> ins weltenall, hin

>> zu lichteren sternen:

waren die traeume
von kindheit und jugend;

keine zeit blieb
fuer gesten des abschieds –
keine worte, kein winken...

weiße schwaene flogen:

ihr lied werde ich
singen

d e r   h u e t e r

himmel: darin schwebt

ein leeres zeichen,

besetzt keinen sprachraum,

wiegt wirr in den winden,

muender oeffnend...

es seufzen im schlafe

so leise die kinder,

na, traeumt wohl,

ganz gruen liegt der mond

zum sprung auf die stadt

bereit, gebeugt, ah,

jeden moment wieder

glimmt friedliches feuer

in seinen augen auf:

wacht ueber haeuserdaechern

nachtlang er nackt, starrend

m a s s e - w e r d u n g

unbestaendige flatterworte und

lumpengehuellte proletarierfloskeln

auf fliegenden blaettern unters

gemeine volk gebracht:

aufruf zum aufruhr!

      aufruf zum aufruhr!

ha, wie der aufruf schon wirkung zeigt,

wanken wimmernd gelbe laternen –

berauschter jubel aus *einem* munde schreit

ein brausen, ein sturm

reißt den haeusern die fenster auf:

sieh, die letzte prozession dort,

die schwarzen kolonnen

fegen finstere straßen restlos blank,

schieben sich schmatzend noch schneller vorwaerts,

ein siegen und saugen, siegen und saugen,

nimmt der sog mit einen jeden,

      nimmt mit eine jede,

            nimmt mit auch ein jedes,

ein einziger leib alles wird – riesig!,

schwemmt er den horizont auf

mit tuermen und mauern, hoeher und

hoeher das schwarz in den himmel waechst,

darinnen funkeln:

milliarden von augen...

w a l d u n g

zog als faun ich tanzend
durch nordische waelder
mir selbst aufspielend
froehlichstes floeten:

die hufe schwang ich ueber
moos, kienaepfel und straeucher,
hesperische trauben,
von goettern des suedens gesandt,
waren mir einzige nahrung.

ach, war dies ein volles,
      ein heiliges leben!
wolken – meine gespielen.

und gleich der rauschenden welle
schwoll ich den grauen
berggipfel empor
um zu senken den blick
hinab in das meer,
in dem ich selbst
dann schweigend verschwand:

fern ruft ein seemann,
dass ich gestorben bin,

die mutter zaehlt
keine traenen.

e . w . e .

engel,

      weisser engel:

      niederschwebend
      aus letzten himmeln

engel,

      weisser engel:

      was zueckst du
      das schwert?

engel,

      weisser engel:

      staehlerne sendung
      durchtrennt mir das herz

engel,

      weisser engel:

      weisser engel,
      weisser tod.

u m d i c h t e r

zwergen wir uns aufwaerts

magnetberge des wortes,

schlaefrig, betaeubt

und unbeschuht

sind arthritischer

satzgelenke wir herren,

verwundet, geblutet, gestorben

auf geistlosen feldern

poetischer wirrnis,

mueßig auferstanden

zum letzten kampf

ohne fahnen:

zusammengerafft die silben,

kuenstlichst gefuegt

durch weißen schleim,

toenen wir choere

des schwachsinns,

lassen den rost

roeten die saiten

der lyra,

und die hirne

hangen voll nebel,

regen, auch schnee;

hah, wie wir schaffen!

schon wieder frisst

durch die welt sich

ein neuer buchmeter
missklingend

wir zwergen uns aufwaerts
magnetberge des wortes.

d i c h t e r   r.
als er mit saemtlichen
worten die welt
durchmessen
       gemalt
           verspottet
da zog er aus
in sie
so tief
und schweigend:

dass sein leben selbst
ganz poesie
werde –

ganz poesie
werde

kindheitsbilder

buntlasierte mosaikziegel, darauf

friedliche fischer,

    adrette arbeiter,

        bloede bauern,

große faenge,

    große steine,

        graeßliche aehren

und all solcher kram –

sie winken und lachen an:

alle, die schauen.

    // schnitt //

ein schmaler bube:

weiße bluse,

schwerer tornister,

das halstuch blau,

verlaesst wild

das haus;

an seinem koerper

haengen zwei fueße,

die tanzen ueber

von baumwurzeln

gewoelbte wege ——

zur schule

    zur schule

        zur schule,

dass auch kein

      stein...

      // schnitt //

die straßen tragen namen
von revolutionaeren,
papierhelden und
anderen langweilern
ohne namen.

lichte plattenbau-
idyllen marschieren
strammen gleischritt,
ein vater ist
bei der großen armee,
sein kleiner staunt
dessen orden an
und wird mal kran-
oder panzerfuehrer.

      // schnitt //

ein schuelertrupp sammelt
altstoffe,
eine hochzeit tobt im
haus der werktaetigen,
proleten fressen
das

letzte

       gericht

im gastmahl des

meeres,

stolze brigaden schrauben

an riesenrekorden,

ja, tausendkoepfig

zischelt die schlange

vor dem HO,

halt´s maul,

hier und

sonstewo.

      // schnitt //

papierne grueße treffen ein

aus der sowjetunion.

freund sascha / aljoscha / usw.scha

schreibt: wir sind die zukunft,

die jungen meister

des siegreichen landes. oder nur –

was nirgendwo vorformuliert steht –

ob man ihm

vielleicht

eine echte

schokolade

      schicken

        koennte:

ein kleines paket,
der zollzettel weiß,
deutsch / russisch
oder was auch immer,
geht verloren,
die freundschaft
bleibt.

      aber was haben
      die dort
      fuer huebsche
      briefmarken –

      schweig!

wir denken in
postkartenansichten,
planziffern und
-quadraten, pah!
naehen kunstleder
und stricken
handschuhe fuer
den naechsten
sibirischen
winter.

      // schnitt //

ueber polen

schweigen die

zeitungen,

die wahrheit

ist immer

mehr

als schoen

geschrieben

steht,

na, mach doch mal wer

feuer im ofen,

lass zittern

die braunen

kohlen.

// schnitt //

auf einem weiten platz

wehen die fahnen

befreundeter laender,

rot ist die farbe

der hoffnung, nicht –

unerreichbar unsere

kainsbrueder

blecken die goldenen

zaehne.

l i n i e n

in elf linien liegen
symbolisch begraben
die verzweifelten
letzter kriegstage

    ein steinchen
    fuer jeden,
    leicht schraeg
    in den himmel
    blickend:

    namen
            und

                zahlen

    ein steinchen
    fuer jeden
    wehrt das
    vergessen
    noch

im schicksal
sich gleichende:

in elf linien
nahmen sie hastig
gift,
machten ihr herz
weit fuer die kommende

kugel;

in elf linien
ließen sie ihre kinder
seit mittag schlafen
fuer immer;

in elf linien
spuerten sie
die heiße umhalsung
des strickes und
qualen, verursacht durch
in die lungen
dringendes
wasser;

in elf linien
half kein glauben
mehr

[...]

mehr als elf linien
seh´ ich
jahrzehnte spaeter

hier

    (geordnet)

die toten

fruehling:

der schwindende schnee

gibt die gesichter

der toten

frei –

so geht die wachsende

hoffnung

und erscheint

als zeichen

zum aufbruch:

draußen

in den waeldern

liegen die graeber

gewiss!

irrende schritte,

blanke stiefel,

suchen sie schon

seit tagen zwischen

letztjaehrigem laub

und muedem moos.

doch wir, die toten,

bleiben verschwunden

wie unsere namen,

von keiner liste

geborgen.

A O

wandertest du schon ein weilchen

durch staubige herztaeler und

die schwarzen felder der qual

rief immer wieder dich

hinauf in den himmel

mondes kuehler strahl

[x]

darunter

mit worten:

bunten,

freien,

vergeblichen,

schufst du dir

ein zelt

gegen alle

winde

des lebens

.

.

.

es wurde

die nacht

so alt
so tief
so einsam

einmal,
ein letztes mal
traf dich
mondes ruf:

ihm folgend
bist auch du

stern geworden.

stern leuchtet.

j e m a n d

jemand, der groeßer als

sein schatten: waechst.

jemand, der schweigt,

ordnet wolken.

jemand, der duesteren herzens,

wird selbst reinstes licht.

jemand, der lahmt, spielt

mit den fingern in locken.

jemand, der trostlos scheint,

denkt allerliebstes.

jemand singt das eintoenige lied.

jemand schlaegt die glocken.

jemand.

      jemand.

Zweiter Teil

– Welten in Welten –

Xm xwxg sxch zx glxxchxn.

sommerszene mit passer montanus

atmet er den brand der felder, schaut er die schwer rollende umweizung, hoert er das jammern der aehren, die werden verzehrt von flammen. wer ist er? der freche sperling. er heißt, was geschieht, gut. so steht es als klares bild hinter dunklen augen. da, sieh doch, er hinkt so schwer durch den staub, ward verletzt erst die tage vom nimmerschwindenden apfelregen des grellen august. was fuer eine gruene, was fuer eine rote uebertreibung! gelb ziehen die wolken, weiß steht die sonne und feldsteine schweigen. es kommt von den huegeln ein schnitter, kommt als raecher bewaffnet daher, waechst und waechst aus dem hintergrund: hervor. aaaaber ha-halt! es war doch wirklich nicht der sperling, der feuer legte. zu spaet, zu spaet. ach, armes voeglein, mein armes voeglein...

der weiße raum

ein raum der koerperlosigkeit. wir alle gehen oder schweben in weißen gewaendern, die gesichtsmuskeln sind uns erschlafft, ausdruckslose guete steht auf den gesichtern. es ist still. nur selten hoert man das rascheln eines gewandes, aber es ist nicht echt, ist eine jener taeuschungen, welche der urspruenglichen erwartung oft zu folgen pflegen. wir verursachen keine geraeusche, sind in allem, das wir tun, die nur noch schweigenden.

wie die mechaniken in einem uhrwerk drehen wir uns um uns selbst. zuweilen greifen wir nach einer hand so kalt wie die unseren haende und bewegen uns fuer einige augenblicke gemeinsam, ohne uns tatsaechlich zu beruehren. koennte ein aussenstehender dieses schauspiel betrachten, er wuerde sich ob seiner maschinenhaftigkeit sehr verwundern.

es geht lange so, es geht ewig so. die zeit hat fuer uns keine bedeutung mehr, da wir in ihr aufgegangen sind. manchmal ertoent aus dem nirgendwo der klang von harfen und glocken. es ist die melodie der unendlichkeit, die in ihrer tragischen schwere wie eine mahnung an unser schicksal klingt und dennoch so leicht durch den raum schwebt. dann bilden sich paare, zu zweien, zu dreien, auch zu vieren tanzen wir die langsamkeit. wir kennen einander nicht. wir sind uns nichts. wir tanzen. // *spaeter loest es sich auf.*

das ist schon viele male so geschehen. nun ist es anders. es ist nicht heute, weil es kein heute gibt. es ist nun. wieder hoeren wir die melodie, jetzt spricht sie zu uns wie ein befehl, ordnet unsere koerper in einer langen weißen linie und friedlich setzen sie sich in eine eintoenige bewegung. alles fliesst. wir fliessen davon.

d a s   b i l d
ich male ein bild von dir. nur eine haessliche luege – eine blinde phantasie meiner getruebten wahrnehmung. ein bild so schwach verglichen mit der wirklichkeit und trotzdem mehr als wirklich. ueberwirklich. doch haltlos. bloß ein unnoetig beschmutztes stueck papier. der ausdruck eines kranken geistes.

ich male ein bild von dir. und strich fuer strich kehrst du zurueck in ein erdachtes leben, verdraengen die muehsam wachsenden formen die leere des blattes. du atmest nicht.

ich male ein bild von dir. noch immer male ich ein bild von dir. und wenn es fertig ist, dann male ich ein bild von dir.

Mutter Erde

Mutter Erde erschien mir in verwandelter Gestalt – als Menschin strengen Blickes, schweigend. Ihre düsteren Augenbrauen waren als Ausdruck ihrer Liebe zur Geometrie fast zu Rechtecken geformt, ließen im Kontrast zum blonden Haar dieses um so heller scheinen, auf den Augen lag ein gar überweltlicher Glanz. Ein wenig erinnerte sie mich an Dantes Beatrice, mit der ich erst vor kurzem Bekanntschaft geschlossen hatte – man war sich durch jahrhundertealte Worte hindurch begegnet, einseitig, ich aber störte mich daran nicht. Was konnte man von einer ungekrönten Königin, die allein durch sich selbst eine Königin war, weiter mehr erwarten, als dass sie sich einem zeigte, sich ohne die Äußerung eines Widerwillens, der mir nur zu verständlich gewesen wäre, beobachten ließ?

Sie saß am Ende der Tischtafel, oder am Anfang. Ich am Anfang der Tischtafel, oder am Ende. Mutter Erde war so ruhig. Ich weiß nicht, ob sie mich sah – und wenn sie mich sah, was ich in ihren Augen darstellte. Begegneten sich unsere Blicke? Ja und nein, oder etwas ganz anderes jenseits von Affirmation und Negation. Sie war anwesend, abwesend – im Körper, im Geiste. Nein! Warum nur immer dieses althergebrachte auf alles, auf jeden anwenden? Man hatte es nie anders gelernt, sich mit dem einmal Gelernten, selten Geprüften abgefunden, also der eigenen Erstarrung, die einem das Leben verhärtet hatte, arrangiert. Nur der wagemutigste Geist konnte sich eine noch unentdeckte Welt trans-transzendentaler Begriffe vorstellen. Wozu?

Da saß ich also und spürte ihre Gewalt, meine Gewaltlosigkeit. Was war dies nur für ein Erlebnis? Wie wurde ich ihm ausgesetzt? Ich kann es nicht sagen. Stacheldraht umspannt die Grenzen meines Wissens, hin und wieder verfängt sich eine arme Krähe darin, um zu verenden. Diese Vögel tun mir leid, aber ich kann es nicht ändern. Ich bin es nicht, der diese Welt gemacht hat – was bin ich anderes als solch eine arme Krähe, die sich auch irgendwann in irgendeines anderen Stacheldraht verfangen wird? Selbst das bloß müde Metaphern, kümmerliche Konstrukte. Gebt mir Hammer, Dynamit, heilige Worte! —

Gerade ging mein Blick über den Tisch, über die Falten, die sich auf der Decke streckten, sonst über nichts. Am Ende des Weges traf der Blick sie – o, diese Anstifterin hymnischer Verbrechen, wer würde ihr nicht singen, um sie sich durch die Kraft tönender Silben einem zugetan zu machen! Man weiss doch: Alles für nichts, ach, für sie!

Sie saß dort, wie ich hier saß – nicht einfach so. Was ihre Aura erfasste, wurde in eine höhere Ordnung gezwungen. Ein leeres Leben konnte sich durch sie füllen, sich an ihr aus- und aufrichten, einen verlockenden Sinn im Leben selbst erblicken, weil sie die Fortsetzung des Lebens verhieß, Fruchtbarkeit und Gedeihen. Mutter Erde! Was tat sie denn? Sie war nur da, mehr nicht. Mutter Erde, so öffne Dich —

Konnte ich mich ihr nähern, ohne dass sie zurückweichen würde? Ich wagte es nicht! Oder ließe sich die Tafel verkürzen, so dass wir uns nicht mehr so fern sein würden? Ihr Atem! Ich sah sie nicht atmen. Ich wollte ihren Atem spüren. Ein warmer Atem, süß und schwer, ein Nebel meinem Geist, meinem Herzen ein verwüstender, nach schrecklichem Kampfe dann todbringender Orkan. An ihr zugrunde gehen —. Ich sah sie nicht atmen und erschrak vor dem Chaos meiner Phantasie, das sich in mir ausgebreitet hatte. Es zerfiel, weil mich Mutter Erde erneut ordnete. Sie saß weiterhin da, wie ich sie sitzen sah, seitdem ich sie sitzen sah. Keine Veränderung. Sie blickte noch immer streng, aber ohne ein für mich erkennbares Ziel.

Warum war ich hier? Darauf konnte es keine Antwort geben. Spekulation und Spuk, kommt hervor, kommt mir zu Hilfe! Rettet mich. – Niemand kam.

Ob ich etwas anderes erwartet hatte? Natürlich nicht, oder soll ich hier etwa lügen? Ich war froh, dass ich das Bild von Mutter Erde mit mir forttragen konnte, es noch immer sicher und unbeschadet in meinem Kopf aufbewahre. Wenn ich es hervorhole, sehe ich Mutter Erde sitzen und schweigen, aber ihre Strenge gibt mir stets aufs Neue Form, Leben.

nihil est

tag und nacht hatte ich hesperien durchwandert und nur dieses eine ziel gekannt: den palast des juengst verstorbenen herrschers, in dessen vorhalle ich nun meine beiden beine in der fuer mich ueblichen art gestellt hatte. um mich herum reckten sich dorische saeulen bis an die mit allerlei malereien aufwaendig verzierte decke. inmitten dieser saeulen befand ich mich als weisser juengling, das goldene band auf meiner stirn, in der rechten hand den gruenen zweig, welchen ich unterwegs von einer zeder brach. sanft hatte der baum bei meiner untat geseufzt und ehe ich wusste, wie mir geschah, hatte er seine getrockneten glieder wie in einer seligen umarmung um meinen koerper gelegt. bald liess er mich los, und so setzte ich meinen weg fort. die erinnerung an diese begebenheit suchte mich noch lange in meinen traeumen heim, wobei mir die zeder oft als etwas gaenzlich unbestimmbares erschien, wie ein wesen ohne form, ohne namen – ganz ohne eigenschaften, eine bloße ahnung.

in der residenz des herrschers hatte wohl niemand mit meiner baldigen ankunft gerechnet, denn eine ganze weile stand ich da allein, unbeachtet, aber auch unverrueckbar. kein jaeher wind, kein sturm haetten mich davonfegen koennen. in meinem kopf bewegten sich nur wenige gedanken, meine als ueberaus sicher erlebte bestimmung musste mich wohl von ihnen befreit haben, und so konnte ich auf den rechten augenblick warten, in dem etwas geschah.

wieviel zeit vergangen war, seitdem ich die halle betreten hatte, konnte ich nicht sagen. ploetzlich aber trat eine veraenderung ein – eine art schatten schlich um die saeulen. ich zweifelte fuer einen augenblick an meiner wahrnehmung. wie oft geschah es, dass man eines ereignisses harrte und sich das gehirn, so ungeduldig es war, ganz ungebeten in diese angelegenheit einmischte und ein ereignis schlichtweg erfand, obwohl es doch gar nicht eingetreten war.

"als unser herrscher starb, starb auch das leben in seiner residenz. seitdem ist sie verlassen. die alte ordnung ist nicht mehr. die zahllosen berater, die eifrigen diener – dunkel redet man im nachbarreich davon, dass sie allesamt ins meer gegangen seien. was bleibt, sind nur einige mauern, saeulen, draußen der erst vor wenigen jahren angelegte weite garten. in einigen jahrhunderten wird dies alles vergessen sein, hier gibt es nichts mehr zu holen. aber du, hast du nicht ein goldstueck fuer mich?"

der dies zu mir gesprochen hatte, war der zu einem bettler gewordene schatten, der sich nun doch als wirklichkeit manifestiert hatte. ich schuettelte meinen kopf, drueckte dem bettler jedoch behutsam den zedernzweig, den ich bis dahin noch immer gehalten hatte, in seine haende. da blitzten seine augen fuer eine bruchsekunde auf und fast nahmen seine lippen die wohlbekannte form eines laechelns ein. stumm, wie auch ich es geworden war, nickte er mir dankend zu, wobei sich seine augen schlossen. dann ging er fort, verschwand schleppend zwischen den saeulen.

mein eintreffen hatte sich nun ganz anders als in meinen erwartungen gestaltet. je mehr ich jedoch meine gedanken um diesen umstand kreisen liess, um so blasser erschien mir mein frueheres vorhaben, bis ich letztlich nichts mehr wusste. so sehr ich mich bemuehte, es waren nur dieses schweigen und diese friedliche leere in mir, die sich wohl schon beim eintreten in die halle meiner bemaechtigt hatten.

was mich in den palast bewegte – es muss sich dabei um den klaren fluss des seins gehandelt haben, den wir menschen immer nur in den stillsten momenten gleich neben dem aufmuepfigen schlag unseres herzens wahrnehmen. durch saele und weite flure, treppen hinauf und hinab lenkten die schritte meinen koerper, bis ich nach dem verstreichen einer moeglicherweise laengeren zeit vor einem streng und dennoch kaum geschmueckten altar zum stehen kam. auf diesem lag ein in leder gebundenes buechlein. als ich es aufschlug, waren die seiten weiss und ich legte es wieder vorsichtig an seinen platz – um keinen aerger zu erregen; und da drehte ich mich etwas rascher um, weil ich ploetzlich befuerchtete, dass mich etwas beim betrachten der weissen seiten beobachtet haben koennte. ich blickte jedoch nur in den leeren saal, der mir nun viel heller als zuvor erschien – so, als haette sich eine kleine sonne in ihm ihren platz gesucht.

in der mitte des saales gewahrte ich einen laenglichen, blank geschliffenen marmorblock, auf dessen weisser oberflaeche sich kurz ein rabe zeigte und der dann wie in einem unergruendbaren schrecken davonflog. ein weilchen hoerte ich noch sein flattern, er mochte wohl in seiner flucht gegen die ein oder andere saeule, die sich ihm in den weg stellte, stoßen. waehrend meine gedanken dem raben ein stueckchen hinterherflogen, wurde es in dem saal stetig heller, so dass ich bald gezwungen war, meine augen zusammenzukneifen, um nicht in fuerchterlichen schmerzen zu erblinden. aber da gewoehnten sich die augen an dieses strahlen und eine eingebung verriet mir, dass ich im goldenen licht der ewigkeit stand, denn ich spuerte, wie seine waerme durch den raum drang, wie sie auch mich ergriff und sich alle formen aufloesten. als koerperloses wohlgefuehl schwebte ich einige zeitlose zeiten durch den raum, dann fanden die formen zu ihrer alten ordnung und ich sank mit dem ruecken auf den marmorblock.

am naechsten morgen besuchte mich erneut der bettler. er schleppte meinen leichnam hinaus in den garten, wo er ihn in ein bereits in der nacht ausgehobenes loch warf, das er dann geschwind mit erde fuellte und ueberhaeufte. bevor er die staette verließ, setzte er den zedernzweig in den huegel. er schlug bald wurzeln.

als zeder wird man sich meiner erinnern.

Weiße Freunde

Er lebte schon lange allein. Tags schritt er stundenlang auf den von seinen Lakaien gründlich gepflegten Sandwegen durch den Park, verneigte sich hier und dort vor einer der zahlreichen weißen Statuen, die allesamt vor vielen Jahren genauestens nach seinen Wünschen angefertigt worden waren. Immer wieder entdeckte er neue Züge an diesen stillen Marmornen, und doch waren sie ihm alte, ja, die besten Bekannten: so zärtliche Freunde. Erfindungsreiche, wortgewaltige Schriftsteller, unerschrocken zweifelnde, die Welt ergründende, Anschauungen begründende Philosophen, umsichtige Staatsmänner, von Schlachten gezeichnete, des Krieges müde Söhne, noch im vernunftfernen Sinnesrausch weilende Verliebte, miteinander spielende dickleibige, gelockte Putten, mystische Wesen aus Ovids Metamorphosen – als Ideal geformt, waren sie nur das, was er in ihnen sah, sprachen sie nur jene Worte, die aus ihm selbst kamen. Die Aufhebung des Lebens Widersprüche. Ruhe, Frieden, Paradies! – wie sehr liebte er doch seinen von diesen Perfekten beseelten Park, liebte er sie selbst, die weißen Freunde.

Ging er nicht spazieren, so schaute er oftmals sehr lange aus den großen blauen Fenstern seines Palastes auf die menschenleeren Wege des Parks, nachts im Observatorium in die Sterne oder die ihm eine geistige Heimat bietenden Bücher seiner Bibliothek. Er lebte für nichts – und hatte sich daran gewöhnt. Viele Jahre waren so in leerer Gleichmäßigkeit verstrichen. Ziele? Was Ziele? Davon wollte er nichts mehr wissen, die Zeit der Unrast und Irrwege war vorbei. Er hatte seinen Platz gefunden, der war umschirmt von den Armen der Göttin Bescheidenheit.

Die Kunst, so hatte er es einst mit großer Sorgfalt in seinem Tagebuch notiert, hat das Leben besiegt – bis ich sterben muss. Das schien ihm eine wohlgetroffene Bemerkung. Er dachte nicht oft ans Sterben, viel häufiger, ja, fast täglich, aber an Pygmalion, der sich ein Weib bildete nach seinem Ideal und dem durch der Himmlischen Gnade der makellos geformte Stein in Fleisch verwandelt worden. Wie töricht dies doch war! Verlor nicht alles, so bald es Wirklichkeit wurde, seinen Reiz? Schön allein konnte nur die Vorstellung, das unnahbar Ferne sein. Von keinem Schatten ward es verdunkelt, nichts tat es wider den eigenen Willen, nichts wider die erhabensten Gesetze des freien Geistes. Die reine Liebe gab es nur als diesen idealen Schein, das Sein war für alle Zeit untrennbar mit dem nützlichen verbunden, von Trieben und Zwecken durchsetzt, beschmutzt.

Die Außenwelt war ihm so fern geworden, dass sie für ihn gar nicht mehr existierte. Zurückgezogen hatte er sich in sein eigenes Universum, oder, wie man auch bemerken konnte, war er in ebendieses hinausgewandert, es dabei feiner und feiner mit der Kraft seines strengen Kopfes ausgestaltend. Ungern dachte er an die Zeit, als es ihm noch unmöglich war, diese so geschaffene höchste aller Unabhängigkeiten zu genießen, die Zeit, in der er an andere Menschen, Arbeit und auch Kriege gebunden war. Das alles war nun weit weggerückt, tobte hinter den äußersten Hecken des Parks, vielleicht. So gleichgültig war es ihm! Was ging es ihn an?

Die Arbeit macht den Menschen – und doch will niemand arbeiten, oder nur als wenig als nötig. Auch diesen Satz hatte er sich in sein Tagebuch notiert, viele solcher Aphorismen hatten sich darin schon zusammengefunden. Wofür er das wohl schrieb? Für sich selbst, dachte er, denn hin und wieder beliebte es ihm, in seinem eigenen, schon vergangenen Leben zu lesen. Fremd kamen sie ihm vor, wenn ihm die alten Gedanken als Worte wiederbegegneten. Das hatte er geschrieben? Ja, vielleicht. Wer sollte es sonst gewesen sein? Für andere Menschen schrieb er die Gedanken schließlich nicht nieder, denn wenn sein Leben eines Tages ein erfreuliches Ende gefunden haben sollte, so würde sein ganzes Universum mit ihm für immer untergehen. An außenstehende Leser war nicht zu denken.

Und doch war der Arbeit eine kaum auszurottende Aufdringlichkeit zueigen. Der Mensch musste ja irgendetwas tun, um sich die Lebenszeit zu vertreiben. Aber was? Die Spaziergänge, das stumme Schauen, manchmal auch das Lesen nahmen ihn einen Großteil seiner Tage gefangen, pünktlich trank er seinen Kaffee, seinen Tee, verspeiste die ihm vorgesetzten Mahlzeiten, wenn auch widerwillig, da ihm das animalische Element des Essens verhasst und zu sehr eine vom Sein aufgezwungene Notwendigkeit war. Wenn er gekonnt hätte, würde er es ohne Umschweife abgeschafft haben! Aber auch wenn der Mensch in seinem eigenen Universum lebte, konnte man ihn kaum einen Schöpfer nennen, denn er war weit davon entfernt, ein Allmächtiger zu sein, wie ihn sich die Religionen in absurder Ausführlichkeit vorgestellt hatten und darauf beharrten. Unabhängig, jedoch nicht frei, das war er. Also musste er essen, nicht anders als die Tiere.

Hachja und Ach! – so hörten ihn oft die Raben auf den Bäumen, in der Wiese, leise rufen. Vielleicht verstanden sie die ganze Tiefe dieser Worte, denn sie schwiegen und hielten für wenige Momente in ihrem Tun inne. Dann flogen sie fort, nur ein stückweit, um wenig später in ihrem Wesen unverändert zurückzukehren. So hielten sie es immer, auf sie war Verlass.

Die besänftigende Sicherheit des Ewiggleichen – haltlos vermag niemand zu leben...

<<

Einzelne Episoden aus seinem früheren Leben gegriffen. Möglich wäre es, sie hier zu schildern. Es muss nicht sein. Nicht ich und auch kein anderer wird es tun. Wozu auch? Er ist der, den Du sein lässt in den von mir vorgegebenen Grenzen, die sich als verschiebbar erweisen, nicht exakt beschrieben werden können. Ich habe mein bestes versucht, und füge diesem nur noch weniges hinzu, wir finden ihn im Park, vor einem seiner weißen Philosophen stehend, er denkt (was könnte er sonst auch tun?):
So, wie mich überall die Kunst umgibt, muss ich selbst ganz Kunst werden – ganz Kunst werden! Was war das nur für ein leuchtender Gedanke, den er da geboren hatte, und ganz Kunst ist, was er wurde.

>>

Ein Besucher des architektonischen Kabinetts, gelegen im Raum 7 des zweiten Stockes eines aus dunkel bleibenden Gründen hier nicht näher ausgewiesenen Gebäudes, – vielleicht bin es ich oder bist es gar Du? – sieht ihn durch die gläsernen Wände, die das ganz in Weiß gehaltene Park- und Palastmodell umgeben. Überflutet ist er von künstlichem Licht (Fadensonnen), was ruft er da? Hachja oder Ach! – Seien wir ehrlich und beweisen unsere unvergängliche Liebe zur Wahrheit:

Es ist eine tote Wirklichkeit, die nur der Kopf zu einem bunt blühenden Leben erwecken kann – und der Hände Arbeit.

steppentanz

sieben meilen hinaus in die schwarze blendung. muehsam ist der weg, ohne ende und jeder schritt versinkt tiefer.

vor mir: spektralfarbene nebelwelten, aus denen hervorsteigen wirre traeume, stumme illusionen, namenlose menschen, blanke gesichter. der kopf singt weich eine rauschende melodie, wie das feuer, das den wald frisst oder sind es des meeres wellen – gefangen im ich bin es nicht.

zu meinen fuessen winden sich nackte schnecken auf harter erde. feuchte kleine steine, sand. lustlos die tiere fliehen in eine bessere welt, ihnen voraus milchiger schatten, nahrhafter schleim. blut und boden. werden wir siegen.

ueberall weht wild im wind des neuen reiches fahne. riechst du der flammen opfer?

unfreundlich ist die steppe und sendet dir kein weisses, aber mein herz: es schlaegt. es schlaegt. erschlaegt.

die augen sehen unklar aus der fisternis hoehle, willst dort mit den fingern du eintauchen, willst graben du in der leere?

nimm nun, so schweigende lippen, den weinenden knochen – der lieblichkeit.

ein nichtwiedersehen

nach langer zeit sehen wir uns wieder. nach tagen und monaten – ich habe sie nicht gezaehlt – trittst du heraus aus meinem wunden kopf, aus meinem nur noch blassen traum, um erneut zu weitaus blasserer wirklichkeit zu

werden. du bist fleisch, du hast konturen, du atmest. du bist mensch. nur
wenige meter von mir entfernt, direkt gegenueber – bist du mensch. ein blick
in die augen, dein blick zurueck. dazwischen trifft *"es"* sich. und wir erkennen
uns nicht, weil wir uns niemals kannten. dein gesicht ist mir fremd, die
sanften bewegungen deines koerpers sagen mir nichts mehr. es ist, als haette
ich die sprache, in der ich dich einst verstand, verloren und wir waeren
dorthin zurueckgekehrt, von wo wir einst kamen. doch woher kamen wir? es
war das nichts. und sind wir uns jemals begegnet? ich kann es heute nicht
mehr glauben. alles scheint geaendert, scheint ausgetauscht und
bedeutungslos.

in einer leeren straße springt eine weit entfernte ampel auf rot. wenn ich dich
dort morgen stehen sehe – stumm und ohne innere regung werde ich an dir
voruebergehen. vorangetrieben in neue falsche welten, gefangen in gaenzlich
anderen gedanken.

z u m m o n d
vom himmel lass regnen
ein weisses

sueßer der schmerz tropft von seinen haenden. wie er tastet nach der sonne.
doch wer ist er, habe ich es nicht gesagt. in worten. er ist.

heute nacht aber fliegen wir zum mond, eine kurze reise nur. vorbei an
feldern bluehenden mohns, in denen kleine menschen sich zum schlaf gelegt.
schwere traeume ueberall. wohin die blicke schweifen – schwere traeume.

im sanften fluge wir treffen auf raben, die geschlossen sich entfernen. es ist
ihre angst, der die einsamen sterne in einen roetlichen glanz taucht. funkeln

sie wie kranke herzen schlagen. schwaecher, staerker, schwaecher.

heute nacht fliegen wir zum mond, eine kurze reise nur.

d i e   e w i g e   f l a m m e

ein weg durch das dunkel. schwarze bloecke der ewigkeit, darinnen eine schlanke gestalt umherhastet – silberner blitz! gehetzt. erst ist es der gaehnende rachen der leere, dann fuellen sich die bloecke mit gewalt und grauen. hinter und vor den waenden schreie. sie kommen einander naeher, fliehen sich. dazwischen die gestalt, wie sie sich vorwaerts- und hindurchkaempft: mit haenden und mit fuessen, die immer nur kurz den boden, der ein sumpf werden will, beruehren. auf den waenden stehen im schmutz fuerchterliche alptraeume gemalt, sie leuchten schwankend, formen neue alptraumbilder, so bald sie der geist erfassen will. die gestalt aber stuermt vorwaerts, denn es ist nichts, mehr als nichts, es ist sie selbst – in sich. dieses ahnend, ja, wissend, gibt es nur die eine richtung: in die mitte des dunkels, ueber schlangenhaeupter, wuelste und wuermer, durch den schleim eines gefallenen geschlechts und den ueblen gestank, den es ausatmet – in seinen letzten zuegen. dann ist alles anders, wie anfangs ist es. schwarz, dunkel, schwaerzer und dunkler. in der mitte seines ichs – da steht die gestalt nicht mehr, sie schwebt durch den raum, umkreist wie ein irrlaeufiger planet die blinde sonne, die sich nicht zeigen mag. weiter aussen zieht ein anderes ich seine bahn in sich stets gleichbleibendem abstand nach. um den hals fuehrt dieses den strick, der kopf haengt – vielleicht ist es nur eine traurige marionette!

da oeffnet die sonne der innersten mitte ihr auge und offenbart sich als fackel, welche die ewige flamme traegt. alles ueberzieht sie mit ihrem goldenen licht und die schwebende gestalt am ziel ihres weges will nach ihr greifen, schon streckt sie den rechten arm, aber eine stimme von innen, die wie als echo ihrer selbst auch von aussen ertoent, haelt sie ab, denn ihre worte sind zugleich die worte seines anderen ichs, das ihr noch immer in einiger distanz folgt. fuer einen moment herrscht eine verwirrung dieser beiden kraefte, kein kampf kann sie loesen und zu einer neuen ordnung fuehren, etwas anderes muss geschehen – und ploetzlich waechst die flamme, goldene feuerzungen lecken nach allen seiten, wollen alles noch goldener widerscheinen lassen, wollen erst die herzen verzehren und die koerper dann ineinander verschmelzen. es geschieht, es geschieht! ein neuer koerper gewinnt seine form, die flamme schrumpft und beruehrt ihn erneut, um ihn zu durchstossen und sich an herzens stelle zu setzen. die wunde schliesst sich, eine rote narbe bleibt zurueck auf dem koerper und die schwarzen bloecke stuelpen sich nach aussen, um der welt einen neuen menschen freizugeben. unsicher noch wankt er durch die grauen straßen, in seinem kopf tobt ein brennender schmerz, aber die ewige flamme – sie ist sein herz!

Die frei entfaltete Persönlichkeit

Es ist ein Feld, ein weites Feld, weiter als der Horizont reicht. Über ihm hängen an seidenen Fäden Menschen, Millionen von Menschen in einer grauen Welt. Sie können einander nicht sehen, denn um jeden von ihnen leuchtet eine blendende Aura in Farben, die doch keine sind. Wissenschaftler, freche Geistbeweger, pflegten diese Aura in längst verblühten Zeiten Persönlichkeit zu nennen, ihre freie Entfaltung wurde durch allerlei Gesetze geschützt, von sich verselbständigt habenden Marktmechanismen vorangetrieben. Da hängen sie nun, die Menschen – sind es Menschen? Manchmal, wenn der Wind geht, schwingen sie ein bißchen hin und her, und es kommt auch vor, dass einer von ihnen etwas höher in den Himmel steigt während ein anderer absinkt. Diese Bewegungen scheinen vollkommen willkürlich und bestimmen doch der Menschen gefühltes Glück.

Es soll hier nicht verschwiegen werden, dass es nicht selten geschieht, dass einem Menschen der Faden reißt und er abstürzt, geradezu und im beschleunigten Fall auf die Erde, wo ihn ein Bett steil aufgerichteter spitzer Metalldornen gleichgültig aber doch durchbohrend erwartet. Solch einen Fall überlebt niemand, das und dieser selbst sind ein unabänderliches Naturgesetz... In der Regel dringt kurz nach dem Aufprall noch ein greller Schrei durch die Welt, aus sterbender Kehle gestoßen. Keiner der Menschen hört ihn, jeder hängt an seinem Faden, alle Gedanken allein auf den Erhalt der eigenen Aura gerichtet. Über den Körpern schweben riesige Lautsprecher. Auch sie sind grau, ruhen niemals. Sie senden die immer gleichen Botschaften auf allen Frequenzen durch die Welt, schläfern die Bewußtseine ein, hypnotisieren sie. Bald sollen die seidenen Fäden durch elektrische Leitungen ersetzt werden. Es ist der Fortschritt, der uns voranbringt: Weit, weiter.

die entdeckung der vakuum-fotografie

welt, die sich selbst entglitten ist. verstaendnisloses verstaendnis, unvernuenftige vernunft, objektfreie objektivitaet. leben als taumel durch leere raeume, stuerzen. windstille, atemlosigkeit, wortverfall. versteinerung griff-greift um sich. die herrschaft der unsichtbaren gesetze und geisterhaende. alles ist durch sie gerichtet, in seinen bewegungen geordnet, laengst gestorben, doch vergaß es, auch zu verschwinden. ein museum des lebens das leben ist. es reißt maeandrierende linien in die fotoplatten, die ich von meinem hohen ross der willkuer aus in es stellte. da, sieh!

aus der welt

gleitende schatten fressen die sonnengetraenkte herzensbrut. umnachtung! oleander, zimt, verwesungsgeruch treibt durch die nebligen luefte. voegel sinken verendend nieder, hinterher fallen federn wie schnee und den waechsernen engel schlagen sie auf dem huegel langsam an sieben kreuze. seine gerupften fluegel traegt als trophaee jemand fort in die berge, stolpernd und hinkend ueber unlaengst erkaltete lava, widerstrebendes gestein. weißer schaum quillt dem hastenden aus dem mund, so er zieht die verraeterischen spuren von frischem rot, aechzend. die anderen entzuenden in wachsender ferne tanzend ein schwarzes feuer, bewoelkt sind alle frohen sterne, kein blinken, keine waerme. schlangen kriechen aus ihren nestern, ein tausendmaeuliges zischeln und purpurne gefahr erfuellen die nackten waelder. ein stummer wolf streift irrend durch die nacht, sieht manchmal im mond sein duesteres spiegelbild, das wird zu drohender fabel uns allen. kalte winde peitschen das feuer auf, kriegsgesaenge durchzittern die zweige und ein silberner blitz stuerzt ploetzlich vom himmel in des engels vielfach gespaltenes herz. inferno! berauscht starren aufgerissene augen und muender. fuer immer treibt so erzwungenes schweigen wort fuer wort aus der welt.

tendenz dichtung

herr, ich will es gesagt haben: ihr salziger same fiel soeben sieben-plus-eins-los in den orangenhain. hoeren sie dort den maskenwuerger freudig scheppern? es scheint mir: er hat, frech, wie er ist und toetet, auch schamlos darauf gewartet. sagen sie nicht, das waere nur das dumme geschwaetz eines armseligen menschen. es waere so ueberfluessig wie ich. was soll einer sonst schwaetzen, wenn nicht dummes – wie alle menschen? ich weiss, es gibt auch den kriegsschrei der liebe, der sich des fruehlings von den blutgefleckten steingipfeln wie eine lawine hinab in die krummen taeler stuerzt und hinter sich die tiefen spuren der verzweiflung zieht. aber davon hier nichts!

unverwunden sage ich, dass ich nichts zu sagen habe, ja, ich schreie, ich bruelle, dass ich nichts zu bruellen habe! meine zunge kuesst saturn und seine ringe, ich knabber die rinde der baeume. und nur noch grunzend sei den menschen verkuendet, dass sie fortan ihre dreckige erde gefaelligst allein zu drehen haben.

herr, so tragen sie mich doch endlich fort, in die nassen reisfelder, z.b.. da liegt noch so manches korn ungezaehlt! (den rechenschieber habe ich laengst geschultert).

oh. ha! es wagt zu widersingen
die hydraulisch geliftete elster:

hupper-di-pumm bubbe-nuppel
tatta-la-nue nanue!

phhhh

o h n e   t i t e l

ich habe die augen der tiger. zwischen titania und oberon wandelt mein geschick. ariel ruft mich vergeblich. ich schleiche ewig durch den dschungel der zeit. in vielen jahrhunderten erwartet mich nichts anderes als der galgen oder ein trockenes stueck brot, das ich den spatzen schenke. sie singen mir ihre seltsamen lieder. die rote katze streicht bittend um meine beine. auch sie habe ich lieb wie ein narr das gold. ich beschenke sie mit dem fleisch von huehnern und maeusen, das ich stets sorglos mit mir fuehre. die katze dankt es mir herzlich. // mein blauer zylinder kitzelt die wolken. ich gehe wie ein schatten zu mittag. die weißen handschuhe werfe ich freudig in die naechsten buesche. steine haeufen sich auf meinen wegen, doch ich habe das huepfen und tanzen bestens gelernt. irgendwann bin ich direktor eines zirkus, meine wirren reden regnen von großflaechigen tribuenen, ich bin der musizierende bettler in der dunklen gasse. ich bin, ich war, ich werde.

feuchter drecksbarock op. 5
kost´ ich den apfel, kost´ ich des schwertes klinge:

eroeffnen sich weit mir die felder des lotus ueber schlammwuesten liegend. wirbeln ruchlose reinheit, gelbes gift leuchtend, visionen durch dampfende luefte: badet im nebel grausam gebrochen die wunde gestalt des wer-auch-immer, ein flatternder mantel schuetzt sie vor schwank schwirrenden fliegen und stets nahenden seuchen. bitterkeit regnet der himmel, herzene fruechte durchbrechen die erde. niemand pflueckt sie.

farblos flackern flammende bilder, in ihnen anubis antlitz erscheint, wundersam schakalnes laecheln zerbeisst die fliegenden nattern, ein roter wind entspringt tanzend dem reich der lustigen toten, zu ertraenken die faulen gebirge mit stummem sterben. berstend sinkt der schaedel dem trauernden reh. auf den gipfeln, gekuesst von silbernen wolken, erklingen die letzten lieder der schwaene wie bleiglocken, tra-rimm tra-rimm. lauscht einsam ein gruenes ohr. traegt man dort oben die immer verlorenen spiegel herrschsuechtiger pharaonen, masken von blau bedecktem gold: eins, zwei, viele gestalten unkenntlich, durchziehen den stein, schleifen die holden gesichter uralter sagen zu feinem staub. lotus! es zeigen die blueten kein welken. greift sie ein greis, dessen haupt ist bewacht von adlers augen, zum tee, stolpert er schwaechelnd ueber nahrhafte wurzeln, rinde des ginkgo, frech ragende pilze. fluch und verdammnis, gekitzelte nase – schreit der mund: hatschi! adler entschwindet.

kost´ ich den apfel, kost´ ich des schwertes klinge:

wird ein tempel,
in den ich einzieh,
beredtes schweigen
mir.

r e f l e k t i o n   d e r   z u k u n f t
ein system, darin die herrschaft des geistes sich gemuetlich eingerichtet. es
schreit: vernunft. total. hahaha.

viele augen nur ein auge sind, das große: erblickt es allerorten nichts anderes
als leblose materie, ruinen aus beton, blau gestrichenen stahl, blass-gruenes
gras und bunte wimpel, rost. schnitte im fleisch. leichen.

na, steig schon auf unsere lokomotive! wir kosten die brise der steppe,
sprengen vor-vor-waerts, saeen ewige verderbnis auch in deinen kopf und
jeglichen esel. gib milch – und honig! kuh, pferd, kakerlake. dunkler
fliegenschwarm voraus, achtung!

viele stimmen nur eine stimme sind: ruft es aus laut ueber die weiten plaetze,
hinein in die darbenden herzen, die nichts anderes sind als motoren: welch
ein triumph des menschen! su-su-surren. und auch die fatale erstarrung der
gedanken. das wort nur schwarz auf weiß zurechtgebogen, dem heiligen
ideal! papier, zeitung, ach, quatsch! ist der große plan wille, wird er
wirklichkeit. fast, oder so. waeh, baeh. noch groeßere anstrengung des WIR –
schaffen, schaffen. (dass) die wie? wie? widersprueche aufgehoben, allesamt.
das haettet ihr nicht gedacht?! (auf die) fresse.

es ist ein friedhof ohne grenzen, umfassend: alles, alles, alles. und sein bildchen an jeder wand, die knarren angelegt. schuss! aber, oder wieder: wider: (zittern) die ordnung der ideen zum mono-mono-mono-lithen. durchschlaegt er die schwaechelnden sphaeren, dehnt gewaltsam die sproeden horizonte. mehr steine, mehr steine! blut und gellende finsternis. dein obelisk! (errichtet)

das auge auf, das hirn zerschossen.

staendig springen die neugeborenen aus ihren formen. sie wissen nichts.

dreckige mainelken bluehen.

(fuer dich)

l e t z t e   w o r t e
so steige ich denn auf meinen schwan und mit ihm immer weiter in die tiefen des himmels. erdgewandt sage ich noch:

macht´s gut, ihr duesteren betonhaine und -weiden, ihr breiten und schmalen straßen, gruenen parks und stillen friedhoefe.
mach´s gut, du einsame birke vor meiner nun verlassenen hoehle. im fruehjahr kitzeltest du stets meine nase so wild. hatschi!
mach´s gut, du froehlicher spatz, der du dich so oft auf meinem koerper tschilpend niederließest. ich gab dir brot und liebe...
macht´s gut, ihr auf den schienen sausenden trambahnen, ihr stinkenden automobile, die ihr nichts anderes seid als allgegenwaertige symbole des menschlichen wahnsinns. moeget ihr bald verdursten.
macht´s gut, staub und schmutz der großstadt. in meiner lunge trage ich euch

als andenken.

macht´s gut, ihr konsumfetischisten, monopolkapitalisten und wohlstands-
bettler, ihr alkoholiker und kokainnasen, ihr egomanen, karrieristen und
verlierer der leistungsgesellschaft. ich werde euch nimmer mehr hoeren,
sehen, spueren.

macht´s gut, ihr schreienden und brennenden kanaele: radio, tv, telefon,
internet...

macht´s gut, ihr un-, halb- und ganz gebildeten, ich vermache euch meine
hunderttausendbuechrige bibliothek und obendrein ein paar ueberfluessige
letzte worte.

na, genug geschwallt.

es ist mein schwan, auf dem ich sitze und mit dem ich steige
immer weiter in die tiefen des himmels.

heute sehe ich das reine licht,
heute treff´ ich die sonne.

die sonne!

Inhalt

Die Gedichte in dem vorliegenden Band
wurden zwischen Mai 2004 und 2006
verfasst.

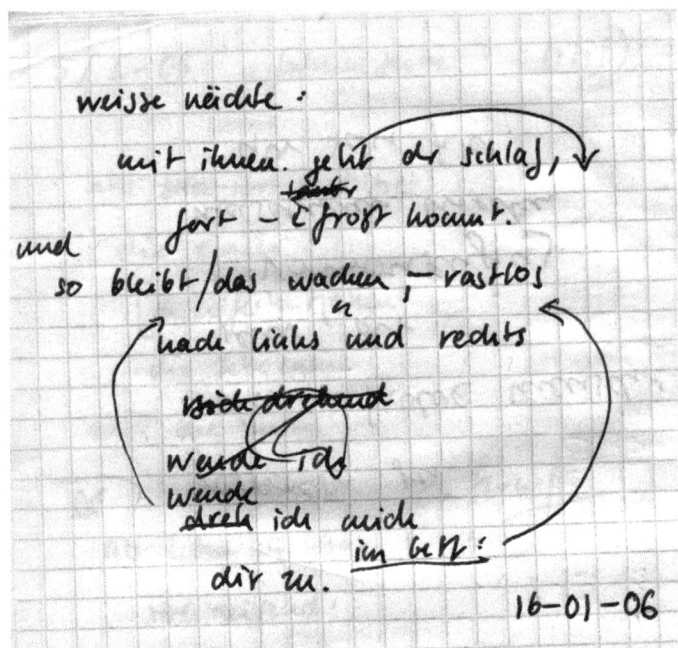

Aus dem Notizblock

Vom Autoren ist ebenfalls erhältlich:
seelengruende. Gedichte 1999 – 2004.
Norderstedt 2004. ISBN 3-8334-1226-7.

Der Autor im Weltnetz:
www.anti-literatur.de